Impressum
Verlag: BABADADA GmbH, Nedderfeld 112 , 22529 Hamburg
Geschäftsführer / Verlagsleitung: Harald Hof
Druck: Books on Demand GmbH, In de Tarpen 42, 22848 Norderstedt

Imprint
Publisher: BABADADA GmbH, Nedderfeld 112 , 22529 Hamburg, Germany
Managing Director / Publishing direction: Harald Hof
Print: Books on Demand GmbH, In de Tarpen 42, 22848 Norderstedt

1

5ch00l

école

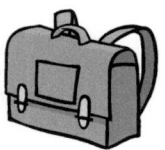

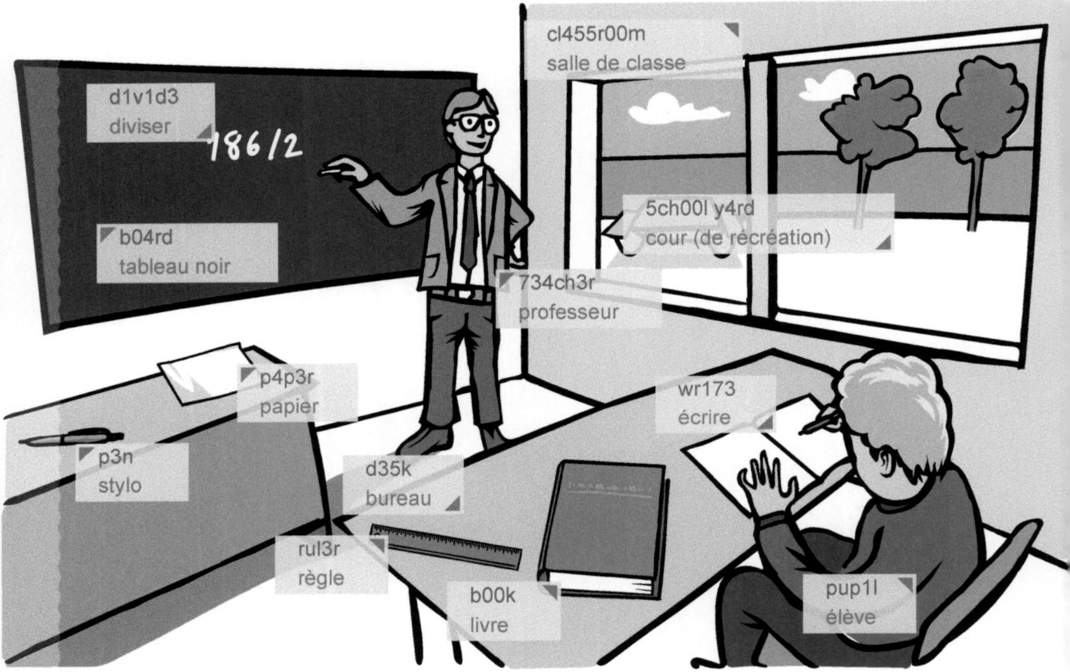

cl455r00m
salle de classe
d1v1d3
diviser
186/2
b04rd
tableau noir
5ch00l y4rd
cour (de récréation)
734ch3r
professeur
p4p3r
papier
wr173
écrire
p3n
stylo
d35k
bureau
rul3r
règle
b00k
livre
pup1l
élève

547ch3l

cartable

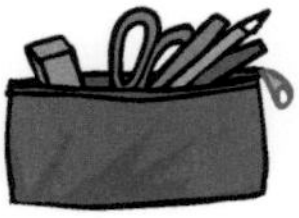

p3nc1l c453

trousse

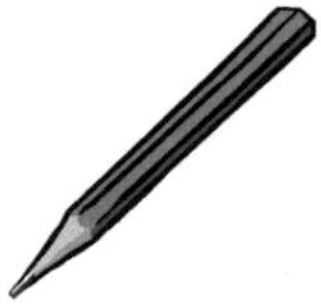

p3nc1l

crayon

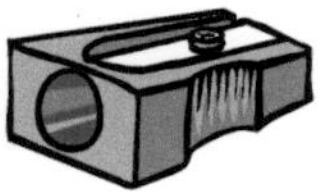

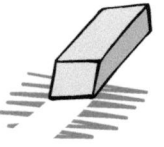

p3nc1l 5h4rp3n3r

taille-crayon

rubb3r

gomme

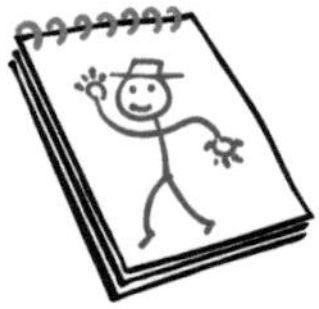

dr4w1n6 p4d

carnet à dessin

dr4w1n6

dessin

p41n7bru5h

pinceau

p41n7 b0x

boîte de peinture

5c1550r5

ciseaux

6lu3

colle

3x3rc153 b00k

cahier d'exercices

h0m3w0rk

devoirs

numb3r

chiffre

4dd

additionner

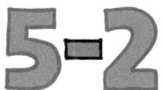

5ub7r4c7

soustraire

mul71ply

multiplier

c4lcul473

calculer

l3773r

lettre

4lph4b37

alphabet

w0rd

mot

73x7

texte

r34d

lire

ch4lk

craie

l3550n

leçon

r361573r

livre de classe

3x4m1n4710n

examen

c3r71f1c473

certificat

5ch00l un1f0rm

uniforme scolaire

3duc4710n

formation

3ncycl0p3d14

lexique

un1v3r517y

université

m1cr05c0p3

microscope

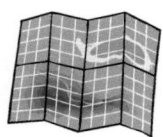

m4p

carte

w4573-p4p3r b45k37

corbeille à papier

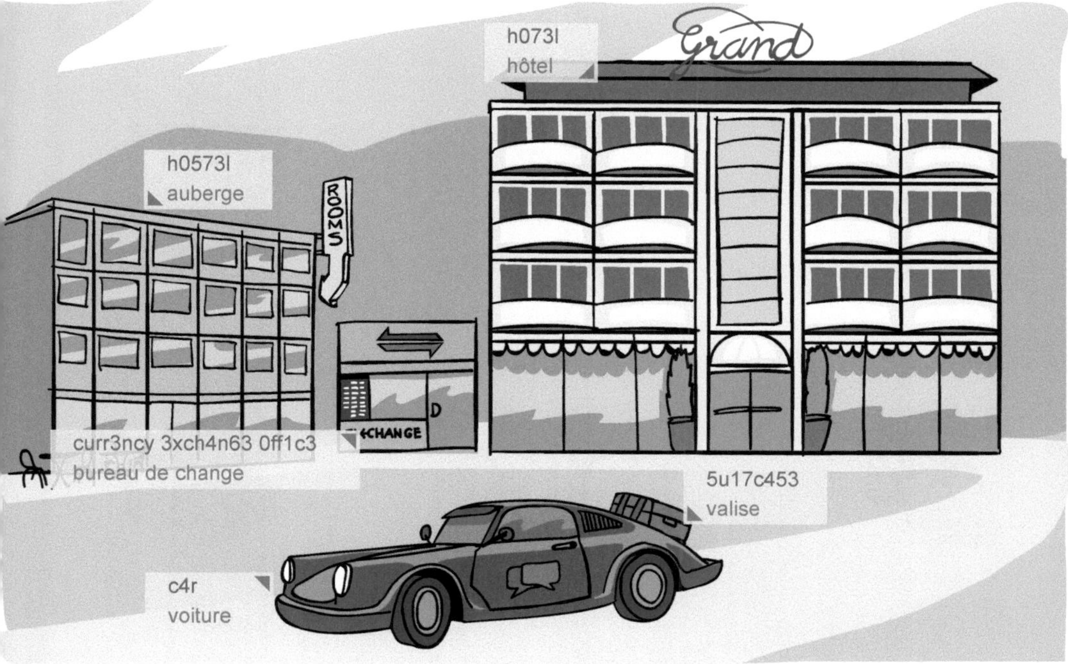

h073l
hôtel
Grand
h0573l
auberge
ROOMS
curr3ncy 3xch4n63 0ff1c3
bureau de change
EXCHANGE
5u17c453
valise
c4r
voiture

l4n6u463

langue

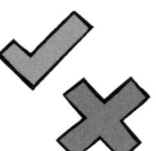

y35 / n0

oui / non

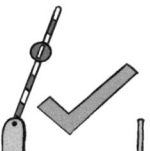

0k4y

d'accord

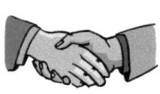

h3ll0

Salut

7r4n5l470r

interprète

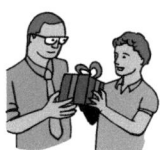

7h4nk y0u

merci

h0w much 15

Combien coûte...?

1 d0 n07 und3r574nd

Je ne comprends pas

pr0bl3m

problème

600d 3v3n1n6!

Bonsoir !

600d m0rn1n6!

Bonjour !

600d n16h7!

Bonne nuit !

600dby3

Au revoir

d1r3c710n

direction

lu66463

bagages

b46

sac

b4ckp4ck

sac-à-dos

6u357

hôte

r00m

pièce

5l33p1n6 b46

sac de couchage

73n7

tente

70ur157 1nf0rm4710n

office de tourisme

b34ch

plage

cr3d17 c4rd

carte de crédit

br34kf457

petit-déjeuner

lunch

déjeuner

d1nn3r

dîner

71ck37

billet

3l3v470r

ascenseur

574mp

timbre

b0rd3r

frontière

cu570m5

douane

3mb455y

ambassade

v154

visa

p455p0r7

passeport

7r4n5p0r7

transport

41rpl4n3
avion

5h1p
navire

f1r3 7ruck
véhicule de pompiers

7ruck
camion

bu5
bus

m070rb047
bateau à moteur

c4r
voiture

b1k3
bicyclette

f3rry

ferry

b047

barque

m070rb1k3

moto

p0l1c3 c4r

voiture de police

r4c1n6 c4r

voiture de course

r3n74l c4r

voiture de location

c4r 5h4r1n6

auto-partage

70w 7ruck

voiture de remorquage

64rb463 7ruck

benne à ordures

3n61n3

moteur

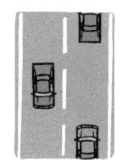

fu3l

essence

fu3l 574710n

station d'essence

7r4ff1c 516n

panneau indicateur

7r4ff1c

trafic

7r4ff1c j4m

embouteillage

p4rk1n6 l07

parking

7r41n 574710n

gare

7r4ck5

rails

7r41n

train

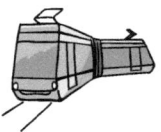

7r4m

tramway

w460n

wagon

h3l1c0p73r

hélicoptère

41rp0r7

aéroport

70w3r

tour

p4553n63r

passager

c0n741n3r

conteneur

c4r70n

carton

c4r7

chariot

b45k37

corbeille

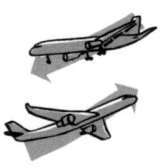

74k3 0ff / l4nd

décoller / atterrir

c17y

ville

v1ll463

village

c17y c3n73r

centre-ville

h0u53

maison

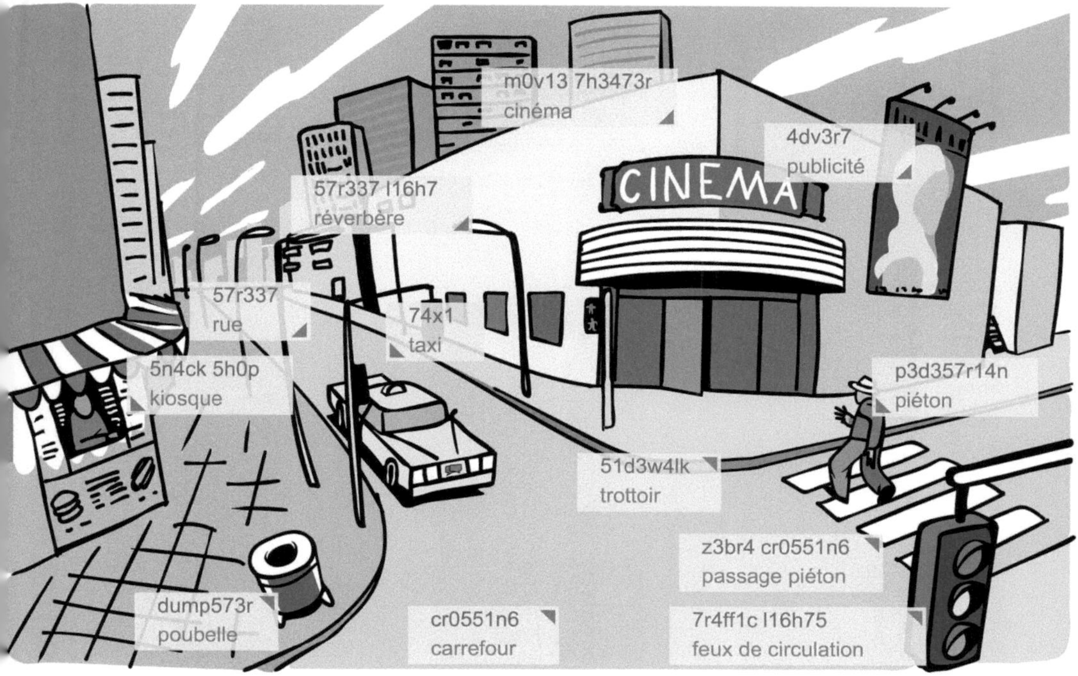

m0v13 7h3473r
cinéma

4dv3r7
publicité

57r337 l16h7
réverbère

CINEMA

57r337
rue

74x1
taxi

5n4ck 5h0p
kiosque

p3d357r14n
piéton

51d3w4lk
trottoir

z3br4 cr0551n6
passage piéton

dump573r
poubelle

cr0551n6
carrefour

7r4ff1c l16h75
feux de circulation

hu7

cabane

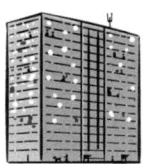

4p4r7m3n7

appartement

7r41n 574710n

gare

c17y h4ll

mairie

mu53um

musée

5ch00l

école

c17y - ville

un1v3r517y	b4nk	h05p174l
université	banque	hôpital

h073l	ph4rm4cy	0ff1c3
hôtel	pharmacie	bureau

b00k 5h0p	5h0p	fl0w3r 5h0p
librairie	magasin	fleuriste

5up3rm4rk37	m4rk37	d3p4r7m3n7 570r3
supermarché	marché	grand magasin

f15hm0n63r'5 5h0p	m4ll	h4rb0r
poissonnerie	centre commercial	port

p4rk

parc

b3nch

banque

br1d63

pont

5741r5

escaliers

5ubw4y

métro

7unn3l

tunnel

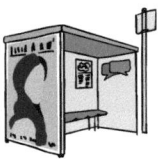

bu5 570p

arrêt de bus

b4r

bar

r3574ur4n7

restaurant

p057b0x

boîte à lettres

57r337 516n

panneau indicateur

p4rk1n6 m373r

parcmètre

z00

zoo

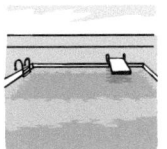

5w1mm1n6 p00l

piscine

m05qu3

mosquée

f4rm

ferme

p0llu710n

pollution

c3m373ry

cimetière

church

église

pl4y6r0und

aire de jeux

73mpl3

temple

l4nd5c4p3

paysage

l34f
feuille

516np057
panneau indicateur

p47h
chemin

m34d0w
pré

570n3
pierre

7r33
arbre

h1k3r
randonneur

r1v3r
rivière

6r455
herbe

fl0w3r
fleur

v4ll3y

vallée

h1ll

montagne

l4k3

lac

f0r357

forêt

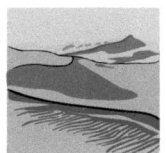

d353r7

désert

v0lc4n0

volcan

c457l3

château

r41nb0w

arc-en-ciel

mu5hr00m

champignon

p4lm 7r33

palmier

m05qu170

moustique

fly

mouche

4n7

fourmis

b33

abeille

5p1d3r

araignée

b337l3

coléoptère

fr06

grenouille

5qu1rr3l

écureuil

h3d63h06

hérisson

h4r3

lièvre

0wl

chouette

b1rd

oiseau

5w4n

cygne

b04r

sanglier

d33r

cerf

m0053

élan

d4m

barrage

w1nd 7urb1n3

éolienne

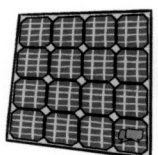

50l4r p4n3l

panneau solaire

cl1m473

climat

r3574ur4n7

restaurant

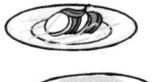

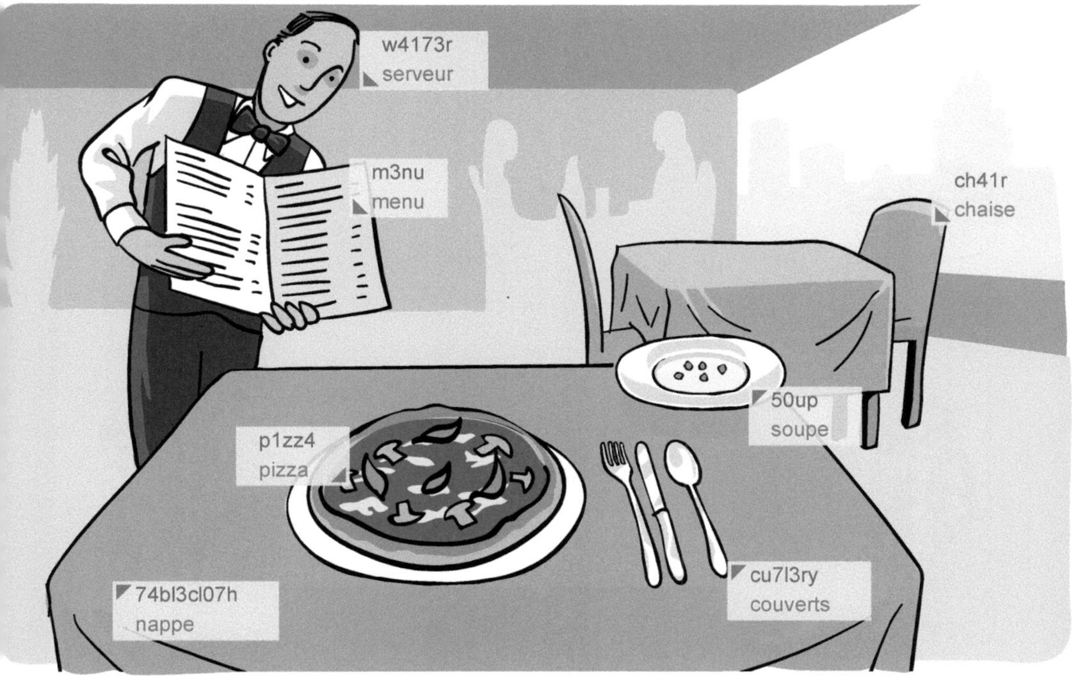
w4173r
serveur
m3nu
menu
ch41r
chaise
50up
soupe
p1zz4
pizza
cu7l3ry
couverts
74bl3cl07h
nappe

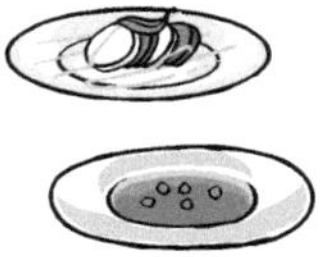

574r73r

hors d'œuvre

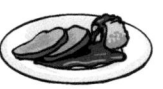

m41n c0ur53

plat principal

d3553r7

dessert

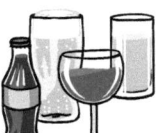

dr1nk5

boissons

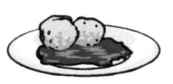

f00d

alimentation

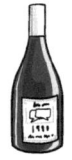

b077l3

bouteille

f457 f00d

fast-food

57r337 f00d

plats à emporter

734p07

théière

5u64r b0wl

sucrier

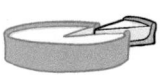

p0r710n

portion

35pr3550 m4ch1n3

machine à expresso

h16h ch41r

chaise haute

b1ll

facture

7r4y

plateau

kn1f3

couteau

f0rk

fourchette

5p00n

cuillère

7345p00n

cuillère à thé

53rv13773

serviette

6l455

verre

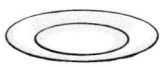

pl473

assiette

50up pl473

assiette à soupe

54uc3r

soucoupe

54uc3

sauce

54l7 5h4k3r

salière

p3pp3r m1ll

moulin à poivre

v1n364r

vinaigre

01l

huile

5p1c35

épices

k37chup

ketchup

mu574rd

moutarde

m4y0nn4153

mayonnaise

5up3rm4rk37

supermarché

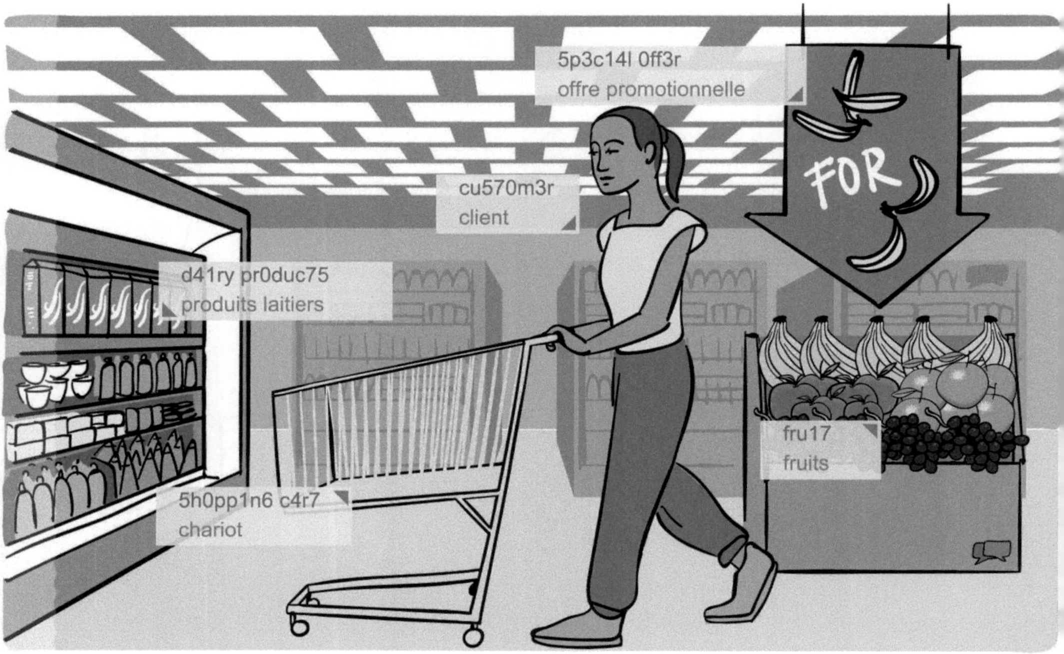

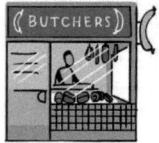

5p3c14l 0ff3r
offre promotionnelle
FOR
cu570m3r
client
d41ry pr0duc75
produits laitiers
fru17
fruits
5h0pp1n6 c4r7
chariot

BUTCHERS

bu7ch3r'5 5h0p

boucherie

BAKERY

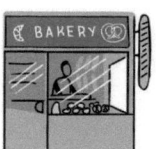

b4k3ry

boulangerie

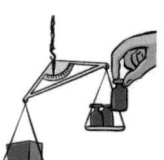

w316h

peser

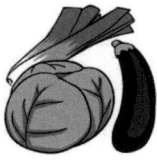

v36374bl35

légumes

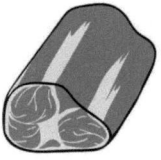

m347

viande

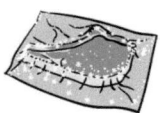

fr0z3n f00d

aliments surgelés

c0ld cu75

charcuterie

c4nn3d f00d

conserves

d373r63n7

poudre à lessive

c4ndy

bonbons

h0u53h0ld pr0duc75

articles ménagers

cl34n1n6 pr0duc75

détergents

54l35 r3pr353n7471v3

vendeuse

c45h r361573r

caisse

c45h13r

caissier

5h0pp1n6 l157

liste d'achats

0p3n1n6 h0ur5

heures d'ouverture

w4ll37

portefeuille

cr3d17 c4rd

carte de crédit

b46

sac

pl4571c b46

sac en plastique

w473r

eau

ju1c3

jus de fruit

m1lk

lait

c0k3

coca

w1n3

vin

b33r

bière

4lc0h0l

alcool

c0c04

chocolat chaud

734

thé

c0ff33

café

35pr3550

expresso

c4ppucc1n0

cappuccino

b4n4n4

banane

4ppl3

pomme

0r4n63

orange

m3l0n

melon

l3m0n

citron

c4rr07

carotte

64rl1c

ail

b4mb00

bambou

0n10n

oignon

mu5hr00m

champignon

nu75

noisettes

n00dl35

pâtes

5p46h3771

spaghetti

r1c3

riz

54l4d

salade

fr135

pommes frites

fr13d p0747035

pommes de terre rôties

p1zz4

pizza

h4mbur63r

hamburger

54ndw1ch

sandwich

35c4l0p3

escalope

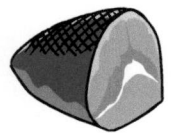

h4m

jambon

54l4m1

salami

54u5463

saucisse

ch1ck3n

poulet

r0457

rôti

f15h

poisson

p0rr1d63 0475

flocons d'avoine

mu35l1

muesli

c0rnfl4k35

cornflakes

fl0ur

farine

cr01554n7

croissant

br34d r0ll

petits-pains

br34d

pain

70457

pain grillé

c00k135

biscuits

bu773r

beurre

curd

le fromage blanc

c4k3

gâteau

366

œuf

fr13d 366

œuf au plat

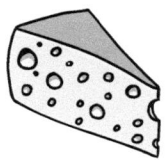

ch3353

fromage

1c3 cr34m

glace

5u64r

sucre

h0n3y

miel

j3lly

confiture

n0u647 cr34m

crème nougat

curry

curry

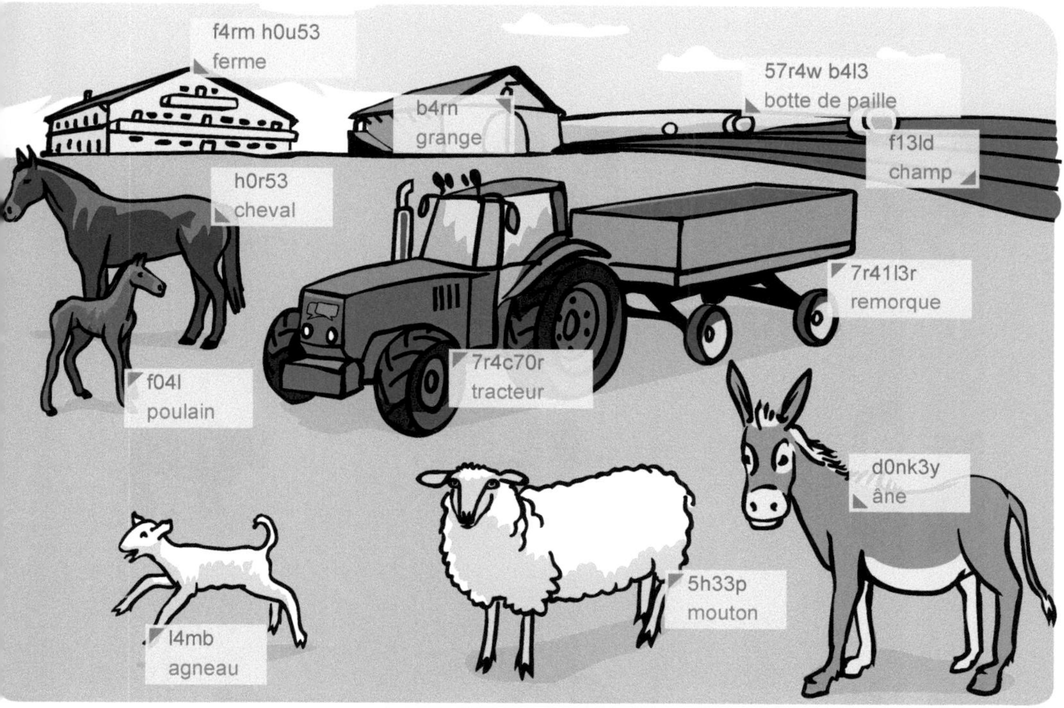

f4rm h0u53
ferme

57r4w b4l3
botte de paille

b4rn
grange

f13ld
champ

h0r53
cheval

7r41l3r
remorque

7r4c70r
tracteur

f04l
poulain

d0nk3y
âne

5h33p
mouton

l4mb
agneau

6047

chèvre

c0w

vache

c4lf

veau

p16

porc

p16l37

porcelet

bull

taureau

60053	duck	ch1ck
oie	canard	poussin

h3n	c0ck3r3l	r47
poule	coq	rat

c47	m0u53	0x
chat	souris	bœuf

d06	d06 h0u53	64rd3n h053
chien	chenil	tuyau de jardin

w473r1n6 c4n	5cy7h3	pl0u6h
arrosoir	faucheuse	charrue

51ckl3

faucille

h03

pioche

p17chf0rk

fourche

4x3

hache

pu5hc4r7

brouette

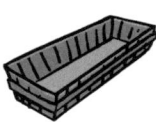

7r0u6h

cuve

m1lk c4n

pot à lait

54ck

sac

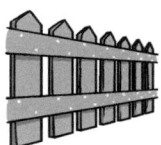

f3nc3

clôture

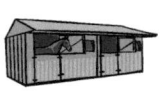

574bl3

étable

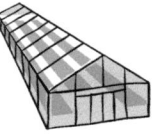

6r33nh0u53

serre

501l

sol

533d

semences

f3r71l1z3r

engrais

c0mb1n3 h4rv3573r

moissonneuse-batteuse

h4rv357

récolter

h4rv357

récolte

y4m5

igname

wh347

blé

50y4

soja

p07470

pomme de terre

c0rn

maïs

r4p3533d

colza

fru17 7r33

arbre fruitier

m4n10c

manioc

6r41n

céréales

f4rm - ferme

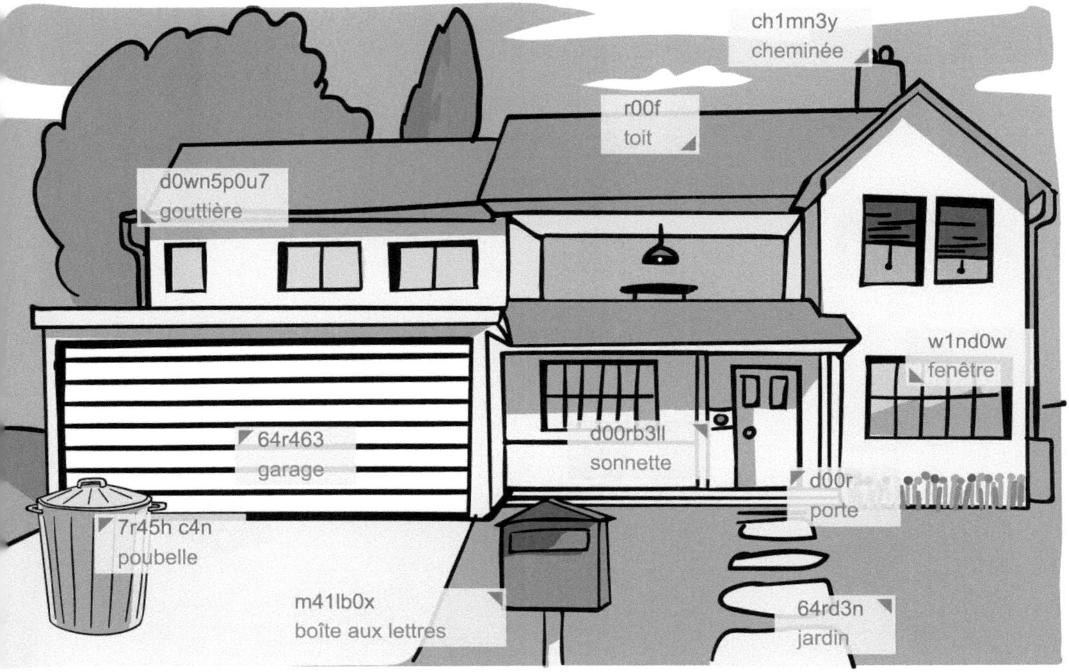

ch1mn3y
cheminée

r00f
toit

d0wn5p0u7
gouttière

w1nd0w
fenêtre

64r463
garage

d00rb3ll
sonnette

d00r
porte

7r45h c4n
poubelle

m41lb0x
boîte aux lettres

64rd3n
jardin

l1v1n6 r00m

salon

b47hr00m

salle de bain

k17ch3n

cuisine

b3dr00m

chambre à coucher

ch1ld'5 r00m

chambre d'enfant

d1n1n6 r00m

salle à manger

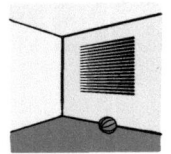

fl00r

sol

w4ll

mur

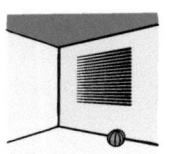

c31l1n6

plafond

c3ll4r

cave

54un4

sauna

b4lc0ny

balcon

73rr4c3

terrasse

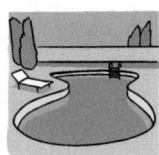

p00l

piscine

l4wn m0w3r

tondeuse à gazon

5h337

housse

b3d5pr34d

couette

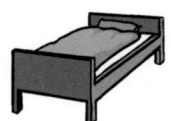

b3d

lit

br00m

balai

buck37

sceau

5w17ch

interrupteur

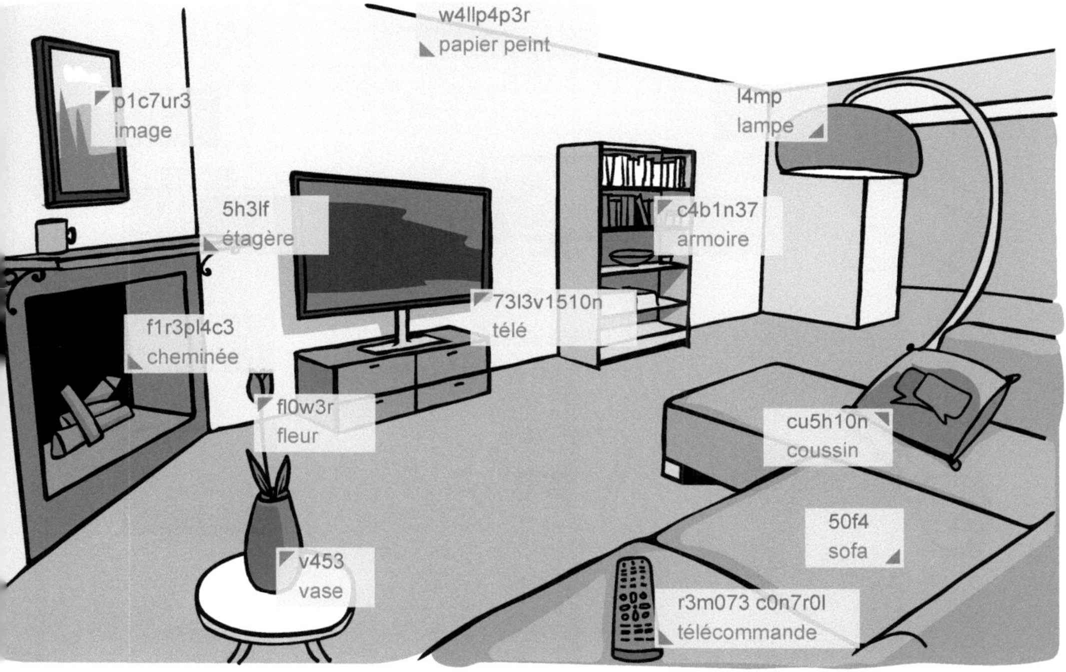

w4llp4p3r
papier peint

p1c7ur3
image

l4mp
lampe

5h3lf
étagère

c4b1n37
armoire

f1r3pl4c3
cheminée

73l3v1510n
télé

fl0w3r
fleur

cu5h10n
coussin

50f4
sofa

v453
vase

r3m073 c0n7r0l
télécommande

c4rp37	dr4p3	74bl3
tapis	rideau	table

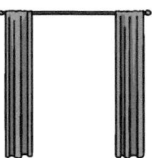

ch41r	r0ck1n6 ch41r	4rmch41r
chaise	chaise à bascule	fauteuil

b00k

livre

bl4nk37

couverture

d3c0r4710n

décoration

f1r3w00d

bois de chauffage

f1lm

film

573r30 5y573m

chaîne hi-fi

k3y

clé

n3w5p4p3r

journal

p41n71n6

peinture

p0573r

poster

r4d10

radio

n073b00k

bloc-notes

v4cuum cl34n3r

aspirateur

c4c7u5

cactus

c4ndl3

bougie

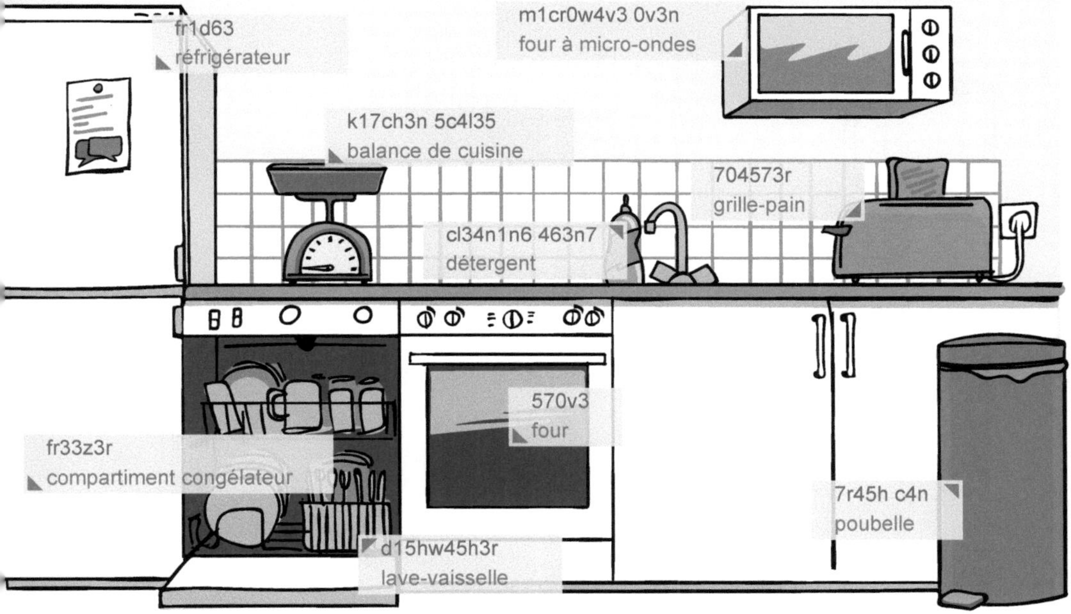

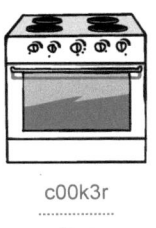

fr1d63
réfrigérateur

m1cr0w4v3 0v3n
four à micro-ondes

k17ch3n 5c4l35
balance de cuisine

704573r
grille-pain

cl34n1n6 463n7
détergent

570v3
four

fr33z3r
compartiment congélateur

7r45h c4n
poubelle

d15hw45h3r
lave-vaisselle

c00k3r	p07	c457-1r0n p07
four	casserole	marmite

w0k / k4d41	p4n	k377l3
wok / kadai	poêle	bouilloire electrique

5734m3r

cuiseur vapeur

b4k1n6 7r4y

plaque de cuisson

cr0ck3ry

vaisselle

mu6

gobelet

b0wl

coupe

ch0p571ck5

baguettes

l4dl3

louche

5p47ul4

spatule

wh15k

fouet

57r41n3r

passoire

513v3

tamis

6r473r

râpe

m0r74r

mortier

b4rb3cu3

barbecue

f1r3pl4c3

cheminée

k17ch3n - cuisine

ch0pp1n6 b04rd

planche à découper

r0ll1n6 p1n

rouleau à pâtisserie

c0rk5cr3w

tire-bouchon

c4n

boîte

c4n 0p3n3r

ouvre-boîte

0v3n cl07h

maniques

51nk

lavabo

bru5h

brosse

5p0n63

éponge

bl3nd3r

mixeur

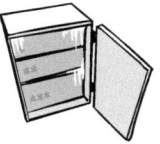

d33p fr33z3r

congélateur

b4by b077l3

biberon

74p

robinet

b47hr00m

salle de bain

h3471n6
chauffage
70w3l
serviette
5h0w3r
douche
5h0w3r cur741n
rideau de douche
bubbl3 b47h
bain moussant
b47h7ub
baignoire
6l455
verre
w45h1n6 m4ch1n3
machine à laver
74p
robinet
71l35
carrelage
p077y
pot
51nk
lavabo

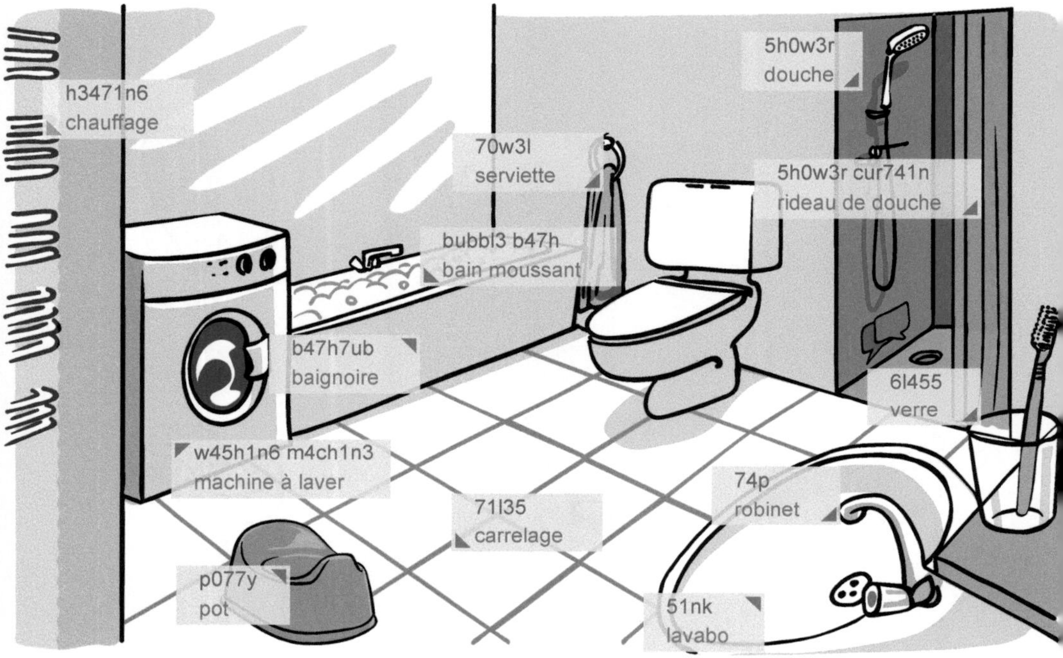

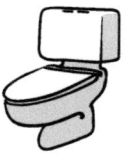

701l37

toilettes

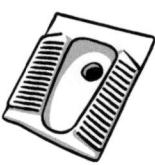

5qu47 701l37

toilette à la turque

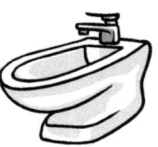

b1d37

bidet

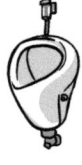

ur1n4l

urinoir

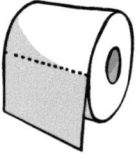

701l37 p4p3r

papier toilette

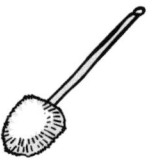

701l37 bru5h

brosse à toilette

7007hbru5h

brosse à dents

7007hp4573

dentifrice

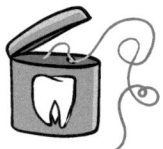

d3n74l fl055

fil dentaire

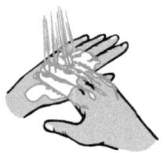

w45h

laver

h4nd 5h0w3r

douche manuelle

d0uch3

douche intime

b451n

vasque

b4ck bru5h

brosse dorsale

504p

savon

5h0w3r 63l

gel douche

5h4mp00

shampooing

fl4nn3l

gant de toilette

dr41n

écoulement

cr3m3

crème

d30d0r4n7

déodorant

b47hr00m - salle de bain

39

m1rr0r

miroir

h4nd m1rr0r

miroir cosmétique

r4z0r

rasoir

5h4v1n6 f04m

mousse à raser

4f73r5h4v3

après-rasage

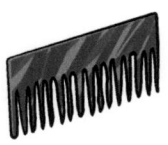

c0mb

peigne

bru5h

brosse

h41r-dry3r

sèche-cheveux

h41r5pr4y

laque pour cheveux

m4k3up

fond de teint

l1p571ck

rouge à lèvres

n41l v4rn15h

vernis à ongles

c0770n w00l

ouate

n41l 5c1550r5

coupe-ongles

p3rfum3

parfum

w45hb46

trousse de toilette

5700l

tabouret

w316h1n6 5c4l35

pèse-personne

b47hr0b3

peignoir

rubb3r 6l0v35

gants de nettoyage

74mp0n

tampon

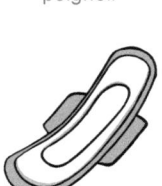

54n174ry 70w3l

serviettes hygiéniques

ch3m1c4l 701l37

toilette chimique

ch1ld'5 r00m

chambre d'enfant

4l4rm cl0ck
réveil
cuddly 70y
doudou
70y c4r
voiture jouet
r477l3
hochet
d0ll'5 h0u53
maison de poupée
pr353n7
cadeau

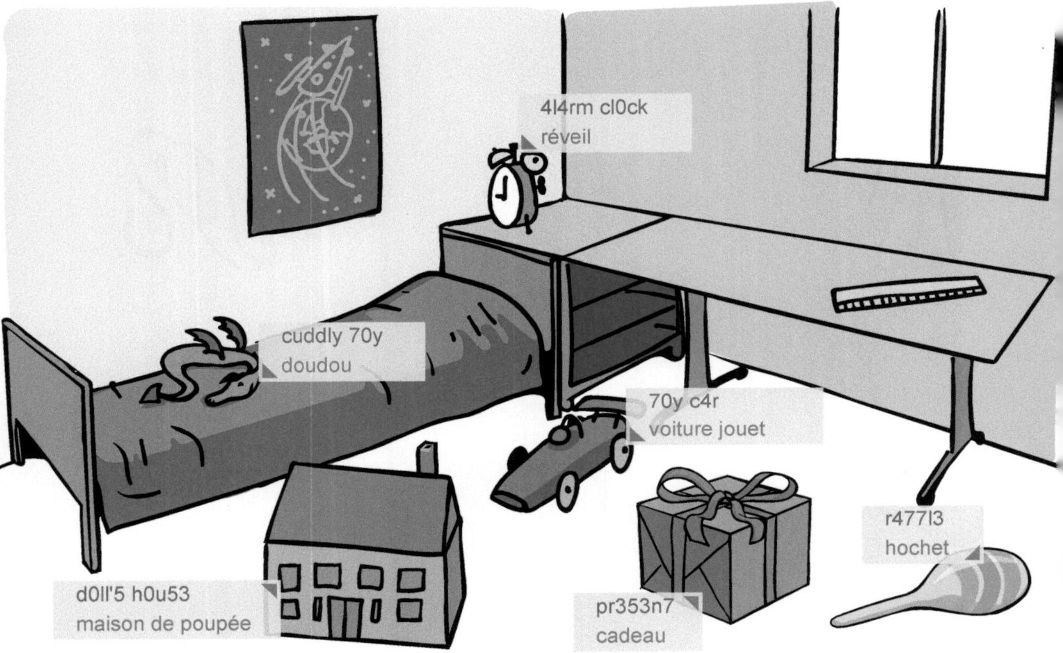

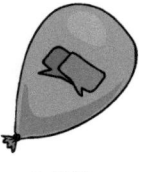

b4ll00n

ballon

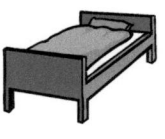

b3d

lit

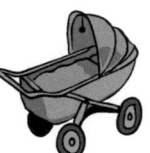

57r0ll3r

poussette

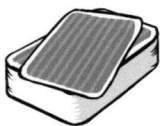

d3ck 0f c4rd5

jeu de cartes

j1654w

puzzle

SUPER
MEGA

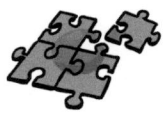

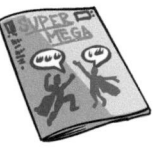

c0m1c

bande dessinée

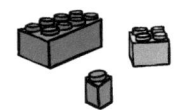

l360 br1ck5

pièces lego

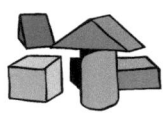

70y bl0ck5

blocs de construction

4c710n f16ur3

figurine

r0mp3r 5u17

grenouillère

fr15b33

frisbee

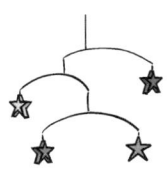

m0b1l3

mobile

b04rd 64m3

jeu de société

d1c3

dé

m0d3l 7r41n 537

train miniature

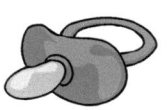

dummy

sucette

p4r7y

fête

p1c7ur3 b00k

livre d'images

b4ll

balle

d0ll

poupée

pl4y

jouer

54ndp17

bac à sable

5w1n6

balançoire

70y

jouets

v1d30 64m3 c0n50l3

console de jeu

7r1cycl3

tricycle

73ddy b34r

ours en peluche

w4rdr0b3

armoire

cl07h1n6

vêtements

50ck5

chaussettes

570ck1n65

bas

716h75

collant

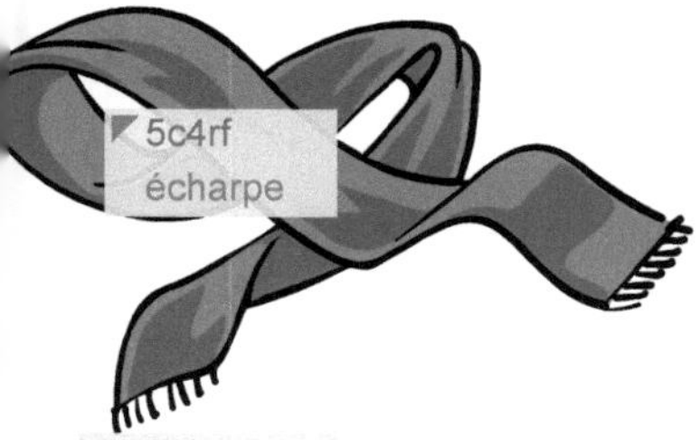

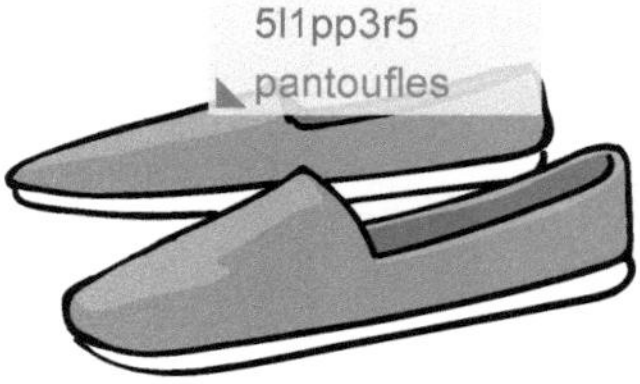

5c4rf
écharpe

b3l7
ceinture

umbr3ll4
parapluie

7-5h1r7
t-shirt

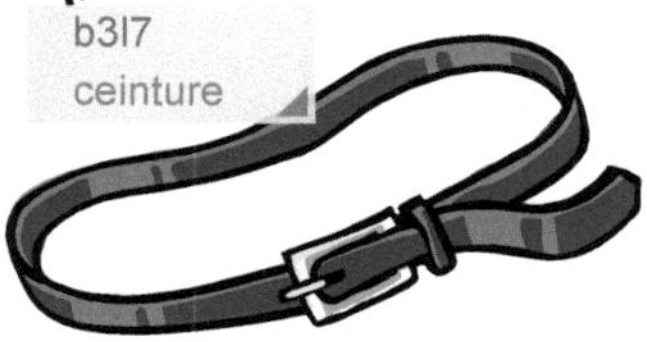

b0075
bottes

5l1pp3r5
pantoufles

5n34k3r5
baskets

54nd4l5

sandales

5h035

chaussures

rubb3r b0075

bottes de caoutchouc

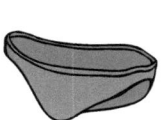

br13f5

sous-vêtements

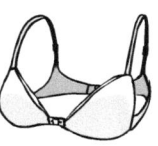

br4

soutien-gorge

und3r5h1r7

maillot de corps

b0dy

body

p4n75

pantalon

j34n5

jean

5k1r7

jupe

bl0u53

chemisier

5h1r7

chemise

pull0v3r

pull

5w3473r

sweat à capuche

bl4z3r

veste

j4ck37

veste

c047

manteau

r41nc047

imperméable

c057um3

costume

dr355

robe

w3dd1n6 dr355

robe de mariée

5u17

costume

n16h760wn

chemise de nuit

p4j4m45

pyjama

54r1

sari

h34d5c4rf

foulard

7urb4n

turban

burk4

burqa

k4f74n

caftan

4b4y4

abaya

5w1m5u17

maillot de bain

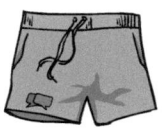

7runk5

maillot de bain

5h0r75

short

7r4ck5u17

tenue d'entraînement

4pr0n

tablier

6l0v35

gants

bu770n

bouton

6l45535

lunettes

br4c3l37

bracelet

n3ckl4c3

collier

r1n6

bague

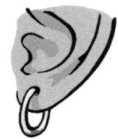

34rr1n6

boucle d'oreille

c4p

bonnet

c047 h4n63r

cintre

h47

chapeau

713

cravate

z1p

fermeture éclair

h3lm37

casque

br4c35

bretelles

5ch00l un1f0rm

uniforme scolaire

un1f0rm

uniforme

b1b

bavoir

dummy

sucette

d14p3r

lange

0ff1c3
bureau

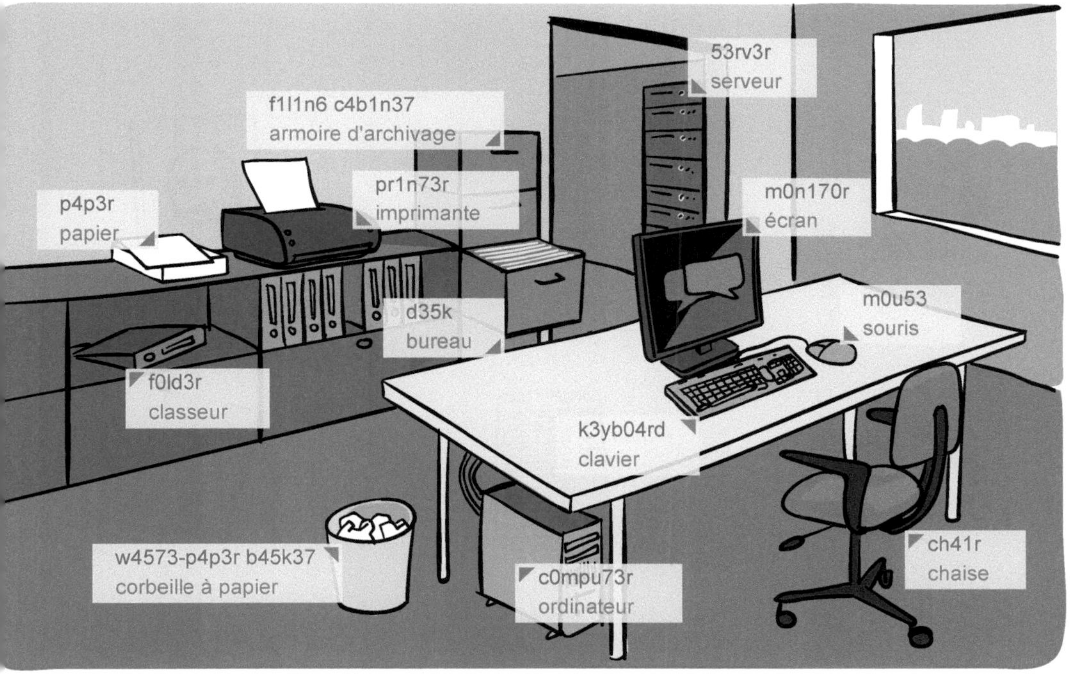

cOff33 mu6

tasse de café

c4lcul470r

calculatrice

1n73rn37

internet

53rv3r
serveur

f1l1n6 c4b1n37
armoire d'archivage

pr1n73r
imprimante

m0n170r
écran

p4p3r
papier

d35k
bureau

m0u53
souris

f0ld3r
classeur

k3yb04rd
clavier

w4573-p4p3r b45k37
corbeille à papier

c0mpu73r
ordinateur

ch41r
chaise

l4p70p

ordinateur portable

l3773r

lettre

m355463

message

c3ll ph0n3

portable

n37w0rk

réseau

ph070c0p13r

photocopieuse

50f7w4r3

logiciel

73l3ph0n3

téléphone

plu6 50ck37

prise

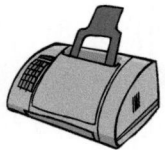

f4x m4ch1n3

fax

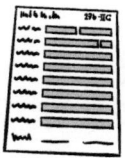

f0rm

formulaire

d0cum3n7

document

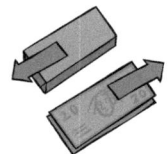

buy

acheter

p4y

payer

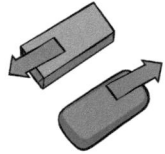

7r4d3

faire du commerce

m0n3y

monnaie

USD

d0ll4r

dollar

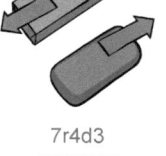

EUR

3ur0

euro

JPY

y3n

yen

RUB

r0ubl3

rouble

CHF

5w155 fr4nc

franc suisse

CNY

r3nm1nb1 yu4n

renminbi yuan

INR

rup33

roupie

c45h p01n7

distributeur automatique

curr3ncy 3xch4n63 0ff1c3

bureau de change

60ld

or

51lv3r

argent

01l

pétrole

3n3r6y

énergie

pr1c3

prix

c0n7r4c7

contrat

74x

taxe

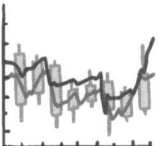

570ck

action

w0rk

travailler

3mpl0y33

employé

3mpl0y3r

employeur

f4c70ry

usine

5h0p

magasin

0ccup4710n5
professions

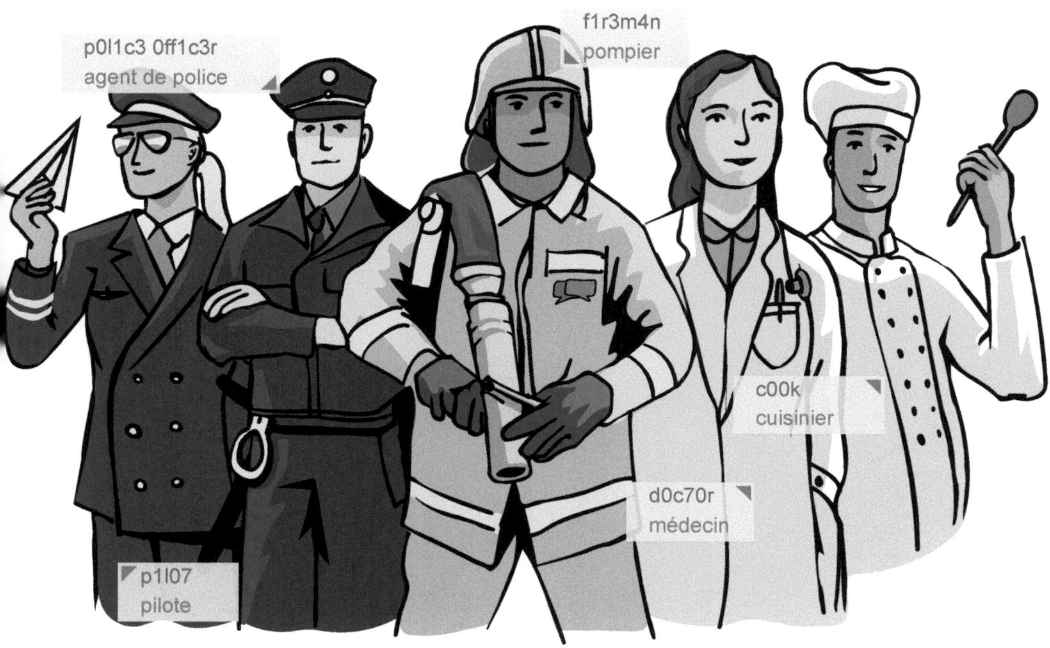
p0l1c3 0ff1c3r
agent de police
f1r3m4n
pompier
c00k
cuisinier
d0c70r
médecin
p1l07
pilote

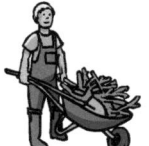

64rd3n3r

jardinier

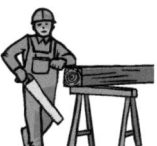

c4rp3n73r

menuisier

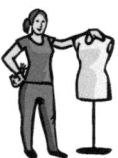

534m57r355

couturière

jud63

juge

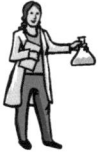

ch3m157

chimiste

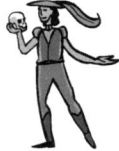

4c70r

acteur

bu5 dr1v3r

conducteur de bus

74x1 dr1v3r

chauffeur de taxi

f15h3rm4n

pêcheur

cl34n1n6 l4dy

femme de ménage

r00f3r

couvreur

w4173r

serveur

hun73r

chasseur

p41n73r

peintre

b4k3r

boulanger

3l3c7r1c14n

électricien

bu1ld3r

ouvrier

3n61n33r

ingénieur

bu7ch3r

boucher

plumb3r

plombier

p057m4n

facteur

50ld13r

soldat

4rch173c7

architecte

c45h13r

caissier

fl0r157

fleuriste

h41rdr3553r

coiffeur

c0nduc70r

contrôleur

m3ch4n1c

mécanicien

c4p741n

capitaine

d3n7157

dentiste

5c13n7157

scientifique

r4bb1

rabbin

1m4m

imam

m0nk

moine

p4570r

prêtre

700l5

outils

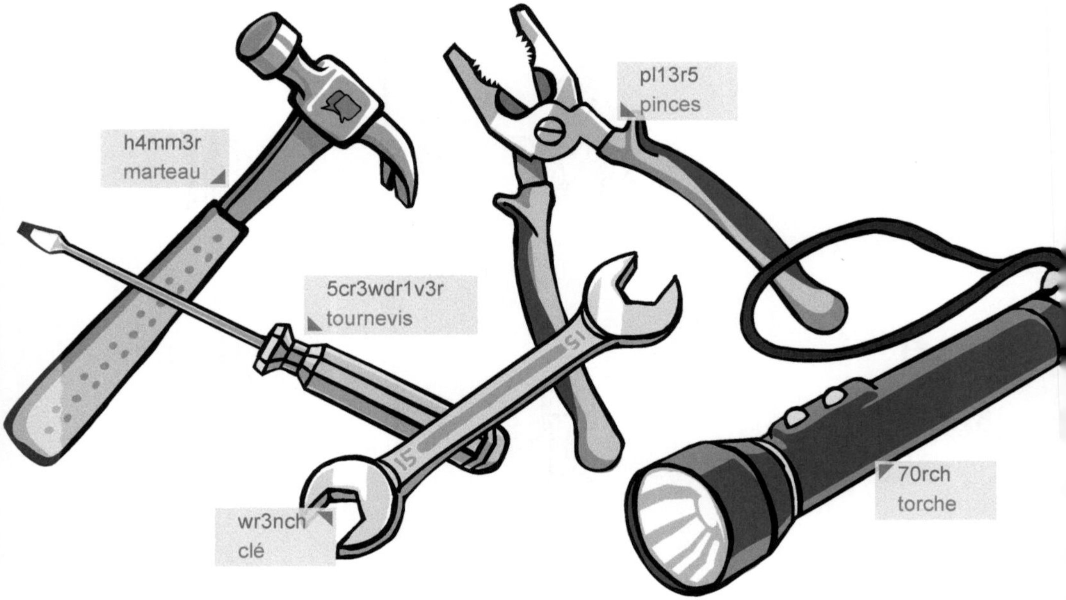
h4mm3r
marteau
pl13r5
pinces
5cr3wdr1v3r
tournevis
wr3nch
clé
70rch
torche

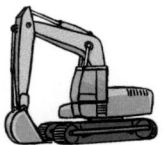

3xc4v470r
pelleteuse

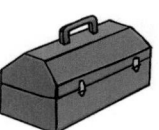

700lb0x
boîte à outils

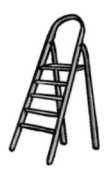

l4dd3r
échelle

54w
scie

n41l5
clous

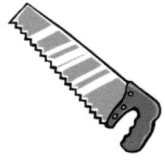

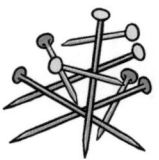

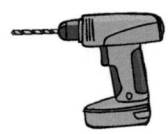

dr1ll
perceuse

r3p41r

réparer

5h0v3l

pelle

d4mn!

Mince !

du57p4n

pelle

p41n7 c4n

pot de peinture

5cr3w5

vis

mu51c4l 1n57rum3n75

instruments de musique

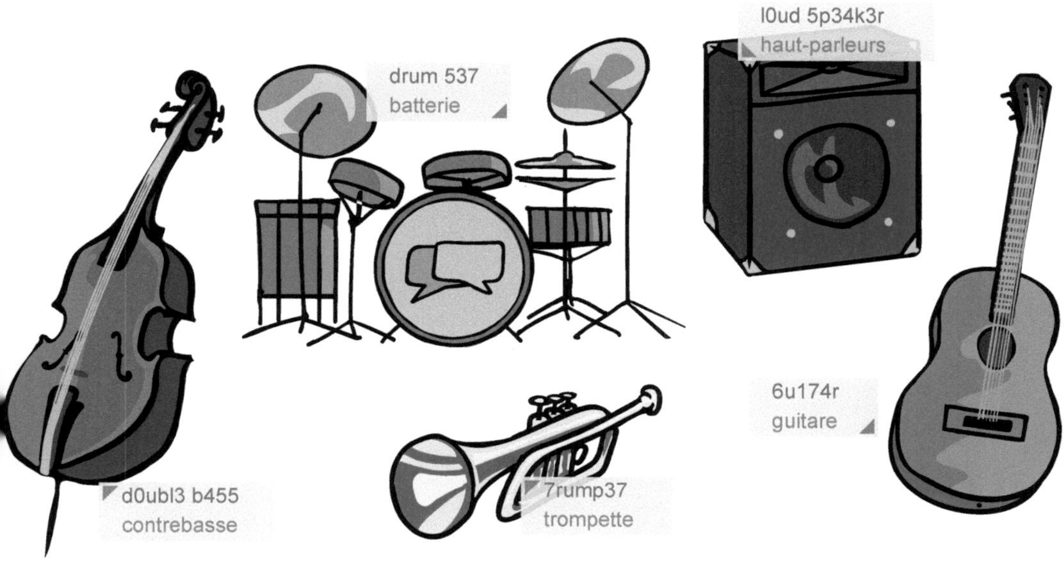

drum 537
batterie

l0ud 5p34k3r
haut-parleurs

d0ubl3 b455
contrebasse

7rump37
trompette

6u174r
guitare

p14n0

piano

v10l1n

violon

b455

basse

71mp4n1

timbales

drum5

tambour

k3yb04rd

piano électrique

54x0ph0n3

saxophone

flu73

flûte

m1cr0ph0n3

microphone

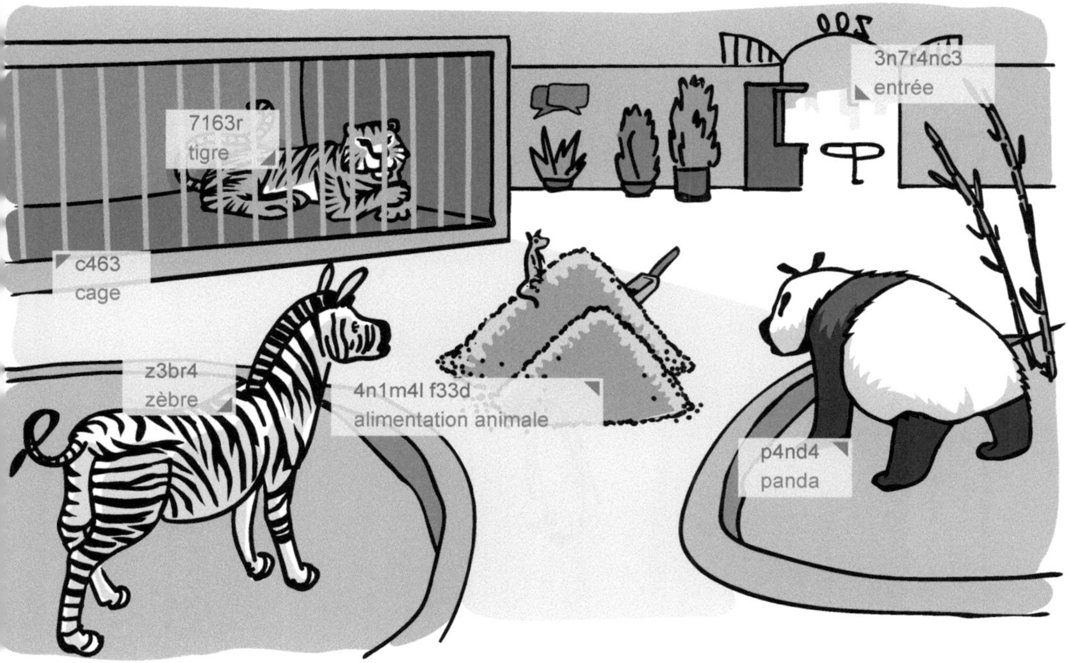

3n7r4nc3
entrée

7163r
tigre

c463
cage

z3br4
zèbre

4n1m4l f33d
alimentation animale

p4nd4
panda

4n1m4l5

animaux

3l3ph4n7

éléphant

k4n64r00

kangourou

rh1n0

rhinocéros

60r1ll4

gorille

b34r

ours

c4m3l

chameau

057r1ch

autruche

l10n

lion

m0nk3y

singe

fl4m1n60

flamand rose

p4rr07

perroquet

p0l4r b34r

ours polaire

p3n6u1n

pingouin

5h4rk

requin

p34c0ck

paon

5n4k3

serpent

cr0c0d1l3

crocodile

z00k33p3r

gardien de zoo

534l

phoque

j46u4r

jaguar

p0ny

poney

l30p4rd

léopard

h1pp0

hippopotame

61r4ff3

girafe

346l3

aigle

b04r

sanglier

f15h

poisson

7ur7l3

tortue

w4lru5

morse

f0x

renard

64z3ll3

gazelle

5p0r75

sports

4m3r1c4n f007b4ll
american Football

cycl1n6
cyclisme

73nn15
tennis

b45k37b4ll
basket-ball

5w1mm1n6
natation

b0x1n6
boxe

1c3 h0ck3y
hockey sur glace

50cc3r

football

b4dm1n70n

badminton

47hl371c5

athlétisme

h4ndb4ll

handball

5k11n6

ski

p0l0

polo

4c71v17135

activités

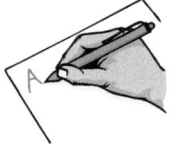

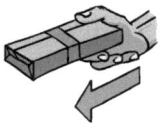

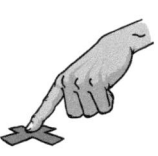

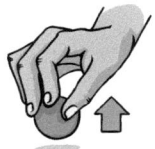

l4u6h
rire
jump
sauter
hu6
embrasser
w4lk
marcher
51n6
chanter
dr34m
rêver
pr4y
prier
k155
faire la bise

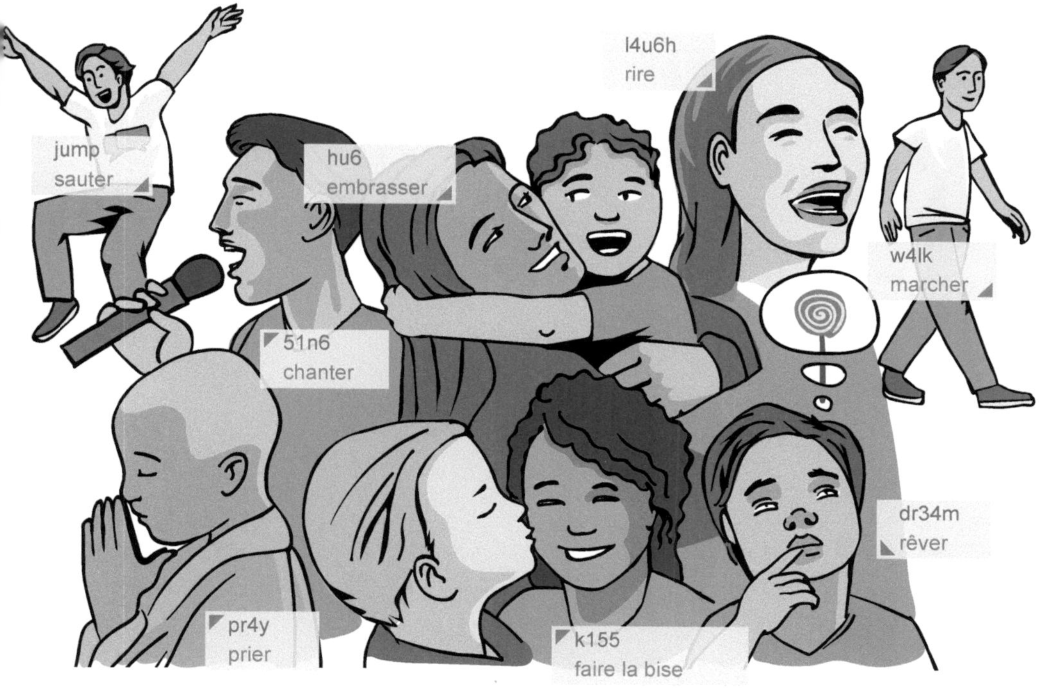

wr173

écrire

dr4w

dessiner

5h0w

montrer

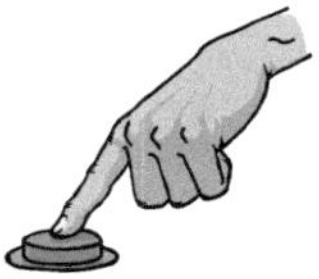

pu5h

pousser

61v3

donner

74k3

prendre

h4v3

avoir

d0

faire

b3

être

574nd

être debout

run

courir

pull

trier

7hr0w

jeter

f4ll

tomber

l13

être couché

w417

attendre

c4rry

porter

517

être assis

637 dr3553d

s'habiller

5l33p

dormir

w4k3 up

se réveiller

l00k 47

regarder

cry

pleurer

57r0k3

caresser

c0mb

peigner

74lk

parler

und3r574nd

comprendre

45k

demander

l1573n

écouter

dr1nk

boire

347

manger

71dy up

ranger

l0v3

aimer

c00k

cuire

dr1v3

conduire

fly

voler

5411

faire de la voile

c4lcul473

calculer

r34d

lire

l34rn

apprendre

w0rk

travailler

m4rry

se marier

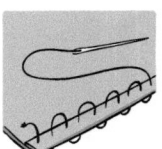

53w

coudre

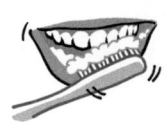

bru5h 7337h

brosser les dents

k1ll

tuer

5m0k3

fumer

53nd

envoyer

f4m1ly
famille

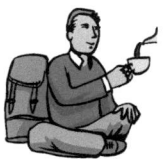

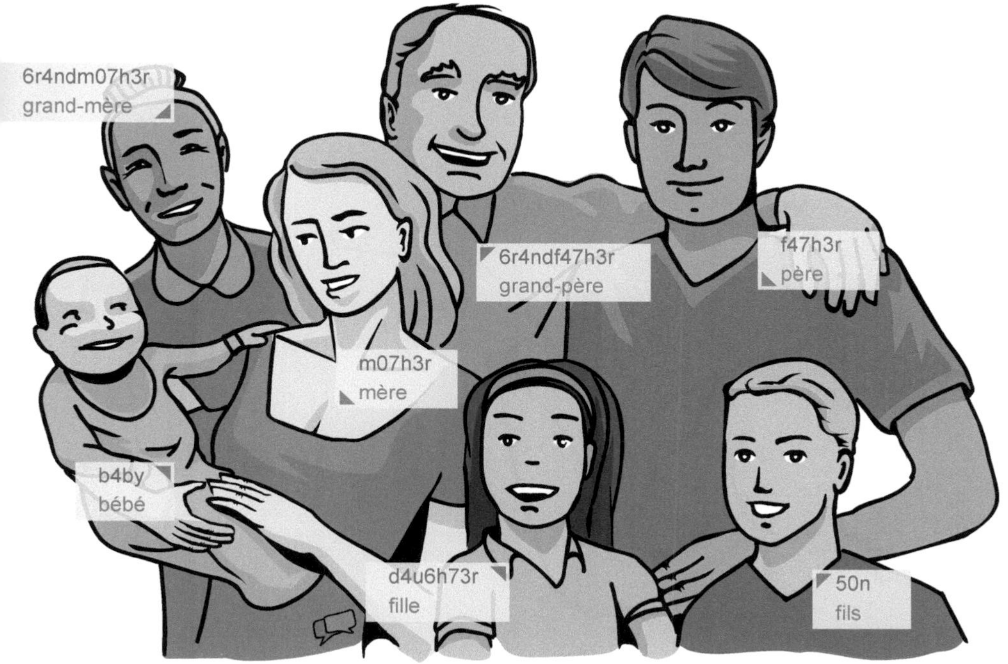

6r4ndm07h3r
grand-mère
6r4ndf47h3r
grand-père
f47h3r
père
m07h3r
mère
b4by
bébé
d4u6h73r
fille
50n
fils

6u357

hôte

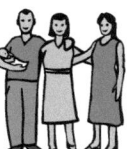

4un7

tante

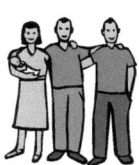

uncl3

oncle

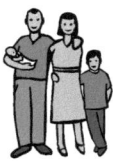

br07h3r

frère

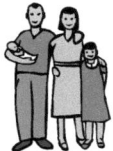

51573r

sœur

b0dy
corps

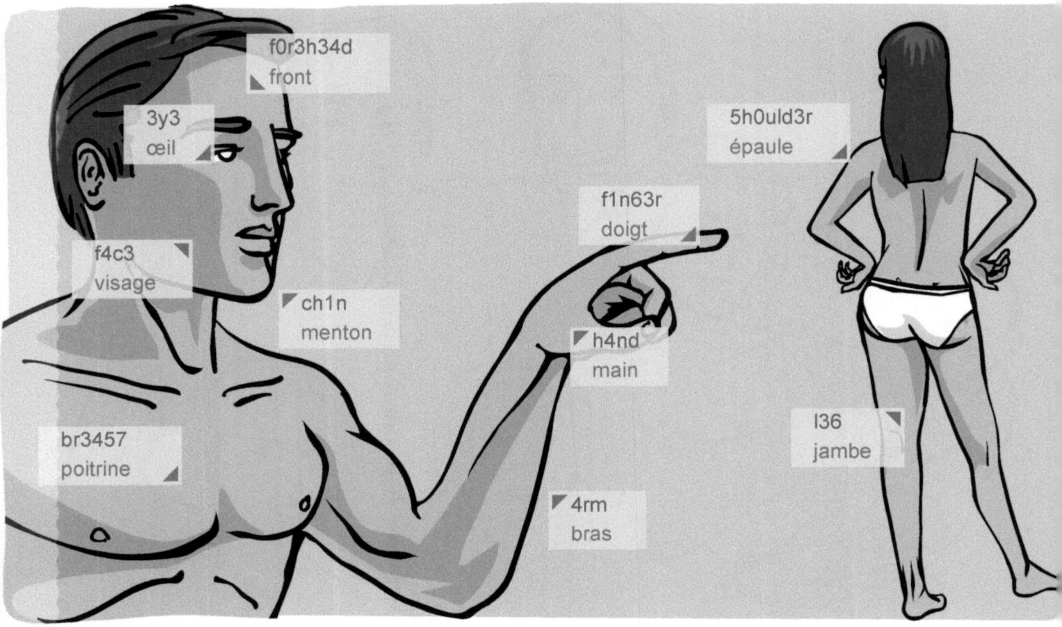

f0r3h34d
front

3y3
œil

5h0uld3r
épaule

f1n63r
doigt

f4c3
visage

ch1n
menton

h4nd
main

br3457
poitrine

l36
jambe

4rm
bras

b4by
bébé

m4n
homme

w0m4n
femme

61rl
fille

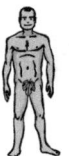

b0y
garçon

h34d
tête

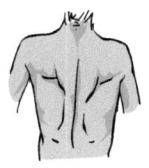	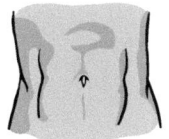	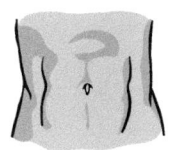
b4ck	b3lly	n4v3l
dos	ventre	nombril
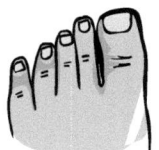	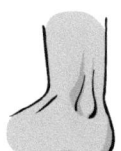	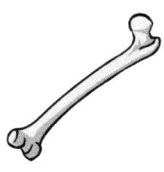
703	h33l	b0n3
orteil	talon	os
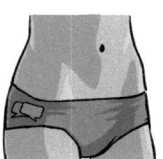	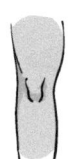	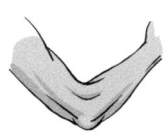
h1p	kn33	3lb0w
hanche	genou	coude
	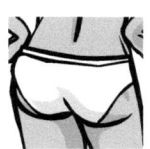	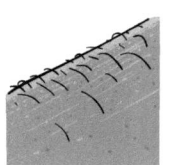
n053	bu770ck5	5k1n
nez	fesses	peau
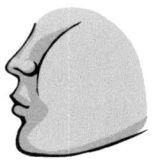	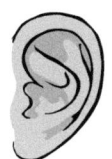	
ch33k	34r	l1p
joue	oreille	lèvre

m0u7h

bouche

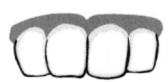

7007h

dent

70n6u3

langue

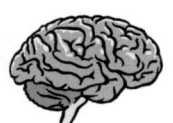

br41n

cerveau

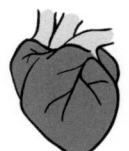

h34r7

cœur

mu5cl3

muscle

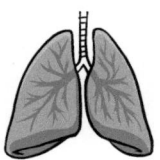

lun6

poumons

l1v3r

foie

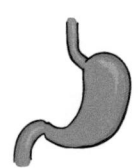

570m4ch

estomac

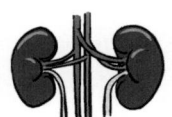

k1dn3y5

reins

53x

rapport sexuel

c0nd0m

préservatif

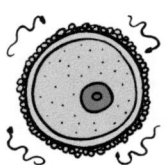

0vum

ovule

53m3n

sperme

pr36n4ncy

grossesse

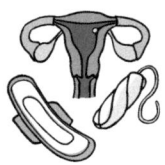

m3n57ru4710n

menstruation

v461n4

vagin

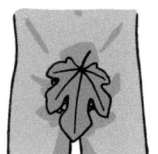

p3n15

pénis

3y3br0w

sourcil

h41r

cheveux

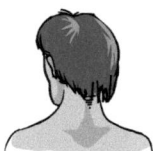

n3ck

cou

h05p174l
hôpital

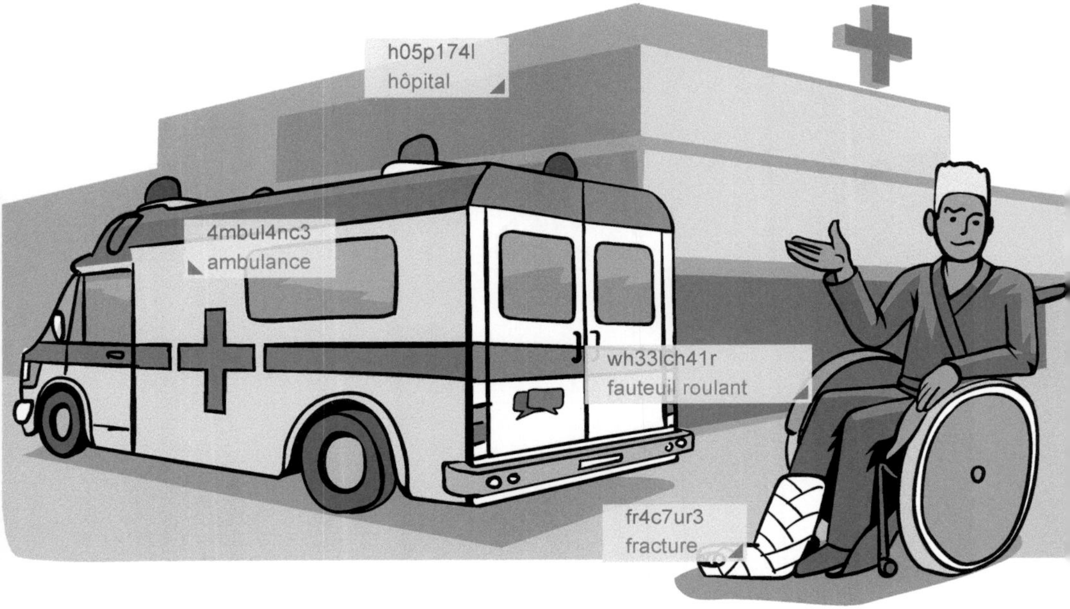

h05p174l
hôpital
4mbul4nc3
ambulance
wh33lch41r
fauteuil roulant
fr4c7ur3
fracture

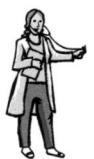

d0c70r

médecin

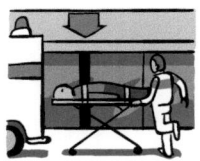

3m3r63ncy r00m

service des urgences

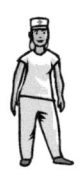

nur53

infirmière

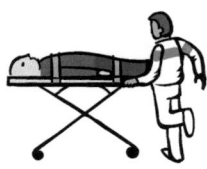

3m3r63ncy

urgence

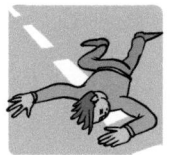

unc0n5c10u5

inconscient

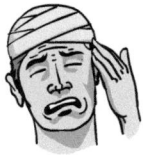

p41n

douleur

1njury

blessure

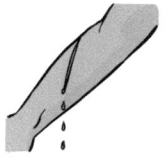

bl33d1n6

hémorragie

h34r7 4774ck

crise cardiaque

57r0k3

attaque cérébrale

4ll3r6y

allergie

c0u6h

toux

f3v3r

fièvre

flu

grippe

d14rrh34

diarrhée

h34d4ch3

mal de tête

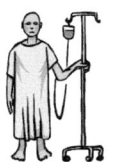

c4nc3r

cancer

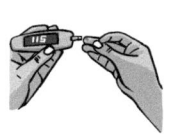

d14b3735

diabète

5ur630n

chirurgien

5c4lp3l

scalpel

0p3r4710n

opération

c7

CT

x-r4y

radiographie

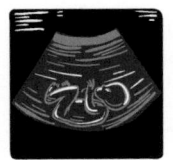

ul7r450und

échographie

f4c3 m45k

masque

d153453

maladie

w4171n6 r00m

salle d'attente

cru7ch

béquille

pl4573r

pansement

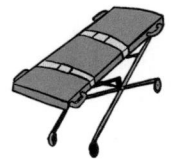

b4nd463

pansement

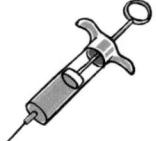

1nj3c710n

injection

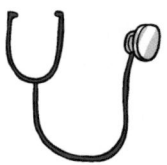

5737h05c0p3

stéthoscope

57r37ch3r

brancard

cl1n1c4l 7h3rm0m373r

thermomètre

b1r7h

accouchement

0v3rw316h7

surcharge pondérale

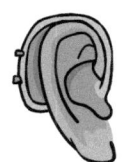

h34r1n6 41d

appareil auditif

d151nf3c74n7

désinfectant

1nf3c710n

infection

v1ru5

virus

h1v / 41d5

VIH / sida

m3d1c1n3

médicament

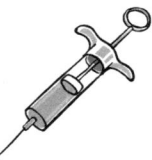

v4cc1n4710n

vaccination

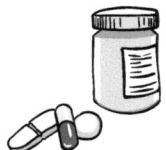

74bl375

comprimés

p1ll

pilule

3m3r63ncy c4ll

appel d'urgence

bl00d pr355ur3 m0n170r

tensiomètre

1ll / h34l7hy

malade / sain

h3lp!

Au secours !

4554ul7

assaut

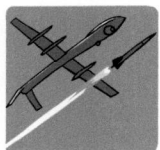

4774ck

attaque

d4n63r

danger

3m3r63ncy 3x17

sortie de secours

f1r3!

Au feu!

f1r3 3x71n6u15h3r

extincteur

4cc1d3n7

accident

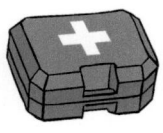

f1r57-41d k17

trousse de premier secours

505

SOS

p0l1c3

police

3ur0p3

Europe

n0r7h 4m3r1c4

Amérique du Nord

50u7h 4m3r1c4

Amérique du Sud

4fr1c4

Afrique

4514

Asie

4u57r4l14

Australie

47l4n71c

Océan atlantique

p4c1f1c

Océan pacifique

1nd14n 0c34n

Océan indien

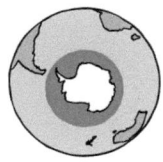

4n74rc71c 0c34n

Océan antarctique

4rc71c 0c34n

Océan arctique

n0r7h p0l3

pôle nord

50u7h p0l3

pôle sud

4n74rc71c4

Antarctique

34r7h

terre

l4nd

pays

534

mer

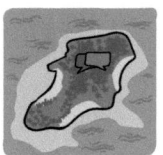

15l4nd

île

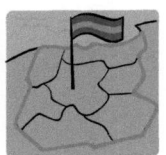

n4710n

nation

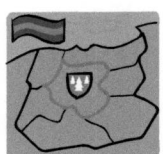

57473

état

cl0ck f4c3

cadran

h0ur h4nd

aiguille des heures

m1nu73 h4nd

aiguille des minutes

53c0nd h4nd

aiguille des secondes

wh47 71m3 15 17?

Quelle heure est-il ?

d4y

jour

71m3

temps

n0w

maintenant

d16174l w47ch

montre digitale

m1nu73

minute

h0ur

heure

w33k

semaine

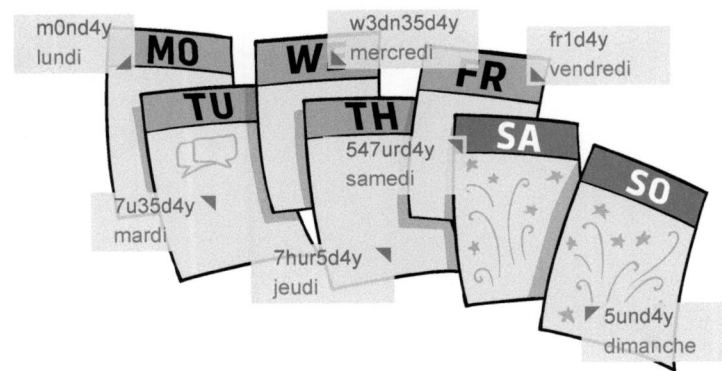

m0nd4y
lundi

w3dn35d4y
mercredi

fr1d4y
vendredi

547urd4y
samedi

7u35d4y
mardi

7hur5d4y
jeudi

5und4y
dimanche

y3573rd4y

hier

70d4y

aujourd'hui

70m0rr0w

demain

m0rn1n6

matin

n00n

midi

3v3n1n6

soir

w0rkd4y5

jours ouvrables

w33k3nd

week-end

y34r
année

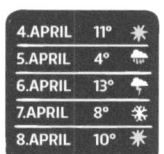

r41n
pluie
r41nb0w
arc-en-ciel
5n0w
neige
w1nd
vent
5pr1n6
printemps
f4ll
automne
5umm3r
été
w1n73r
hiver

4.APRIL 11°
5.APRIL 4°
6.APRIL 13°
7.APRIL 8°
8.APRIL 10°

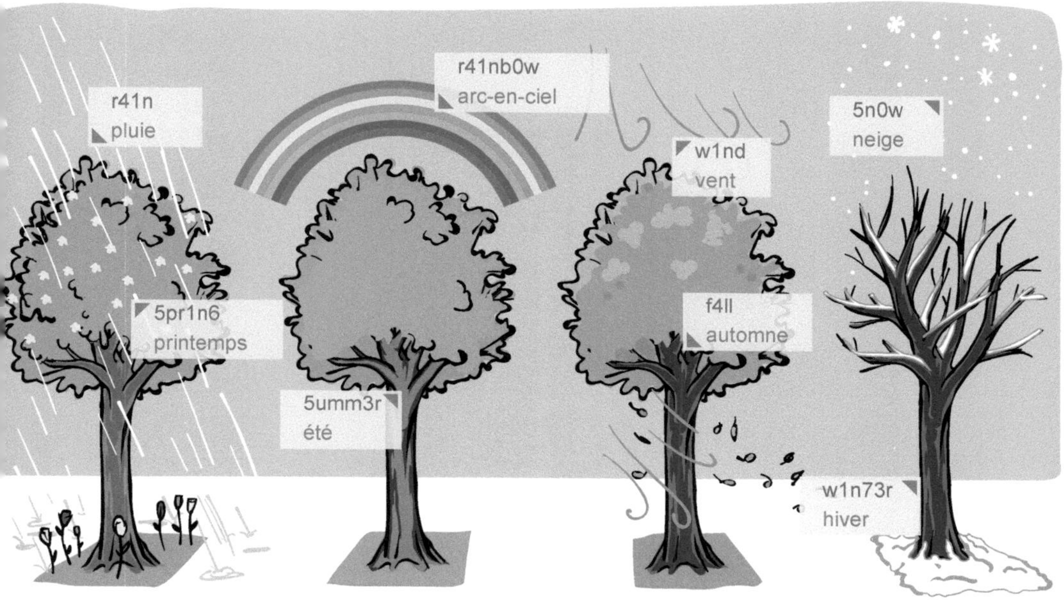

w347h3r f0r3c457

météo

F C
120 40
90 30
60 20
30 10
0 0
-30 -10
-20

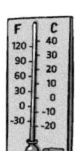

7h3rm0m373r

thermomètre

5un5h1n3

lumière du soleil

cl0ud

nuage

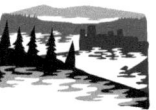

f06

brouillard

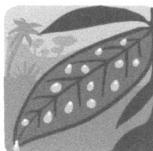

hum1d17y

humidité

l16h7n1n6

foudre

7hund3r

tonnerre

570rm

tempête

h41l

grêle

m0n500n

mousson

fl00d

inondation

1c3

glace

j4nu4ry

janvier

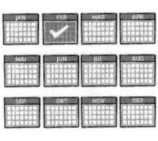

f3bru4ry

février

m4rch

mars

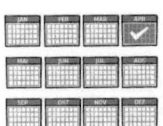

4pr1l

avril

m4y

mai

jun3

juin

july

juillet

4u6u57

août

53p73mb3r

septembre

0c70b3r

octobre

n0v3mb3r

novembre

d3c3mb3r

décembre

5h4p35
formes

c1rcl3

cercle

5qu4r3

carré

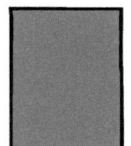

r3c74n6l3

rectangle

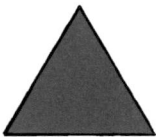

7r14n6l3

triangle

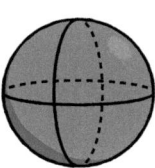

5ph3r3

sphère

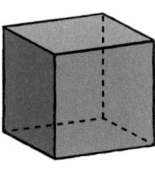

cub3

cube

wh173

blanc

y3ll0w

jaune

0r4n63

orange

p1nk

rose

r3d

rouge

purpl3

violet

blu3

bleu

6r33n

vert

br0wn

marron

6r4y

gris

bl4ck

noir

4 l07 / 4 l177l3

beaucoup / peu

4n6ry / c4lm

fâché / calme

b34u71ful / u6ly

joli / laid

b361nn1n6 / 3nd

début / fin

b16 / 5m4ll

grand / petit

br16h7 / d4rk

clair / obscure

br07h3r / 51573r

frère / soeur

cl34n / d1r7y

propre / sale

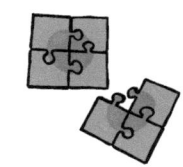

c0mpl373 / 1nc0mpl373

complet / incomplet

d4y / n16h7

jour / nuit

d34d / 4l1v3

mort / vivant

w1d3 / n4rr0w

large / étroit

3d1bl3 / 1n3d1bl3

comestible / incomestible

3v1l / k1nd

méchant / gentil

3xc173d / b0r3d

excité / ennuyé

f47 / 7h1n

gros / mince

f1r57 / l457

premier / dernier

fr13nd / 3n3my

ami / ennemi

full / 3mp7y

plein / vide

h4rd / 50f7

dur / souple

h34vy / l16h7

lourd / léger

hun63r / 7h1r57

faim / soif

1ll / h34l7hy

malade / sain

1ll364l / l364l

illégal / légal

1n73ll163n7 / 57up1d

intelligent / stupide

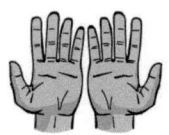

l3f7 / r16h7

gauche / droite

n34r / f4r

proche / loin

n3w / u53d	n07h1n6 / 50m37h1n6	0ld / y0un6
nouveau / usé	rien / quelque chose	vieux / jeune

0n / 0ff	0p3n / cl053d	qu137 / l0ud
marche / arrêt	ouvert / fermé	faible / fort

r1ch / p00r	r16h7 / wr0n6	r0u6h / 5m007h
riche / pauvre	correct / incorrect	rugueux / lisse

54d / h4ppy	5h0r7 / l0n6	5l0w / f457
triste / heureux	court / long	lent / rapide

w37 / dry	w4rm / c00l	w4r / p34c3
mouillé / sec	chaud / froid	guerre / paix

numb3r5

nombres

0

z3r0

zéro

1

0n3

un / une

2

7w0

deux

3

7hr33

trois

4

f0ur

quatre

5

f1v3

cinq

6

51x

six

7

53v3n

sept

8

316h7

huit

9

n1n3

neuf

10

73n

dix

11

3l3v3n

onze

12

7w3lv3

douze

13

7h1r733n

treize

14

f0ur733n

quatorze

15

f1f733n

quinze

16

51x733n

seize

17

53v3n733n

dix-sept

18

316h733n

dix-huit

19

n1n3733n

dix-neuf

20

7w3n7y

vingt

100

hundr3d

cent

1.000

7h0u54nd

mille

1.000.000

m1ll10n

million

3n6l15h

anglais

4m3r1c4n 3n6l15h

anglais américain

ch1n353 m4nd4r1n

chinois mandarin

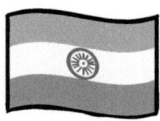

h1nd1

hindi

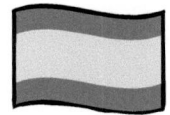

5p4n15h

espagnol

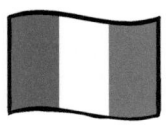

fr3nch

français

4r4b1c

arabe

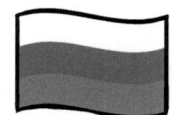

ru5514n

russe

p0r7u6u353

portugais

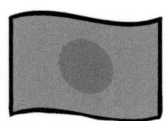

b3n64l1

bengali

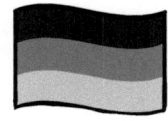

63rm4n

allemand

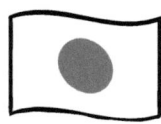

j4p4n353

japonais

1
je

y0u
tu

h3 / 5h3 / 17
il / elle / ce, c', cela

w3
nous

y0u
vous

7h3y
ils / elles

wh0?
Qui ?

wh47?
Quoi ?

h0w?
Comment ?

wh3r3?
Où ?

wh3n?
Quand ?

n4m3
nom

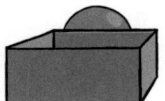

b3h1nd

derrière

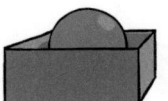

1n

dans

1n fr0n7 0f

devant

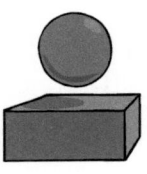

0v3r

au-dessus

0n

sur

und3r

en-dessous

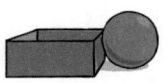

b351d3

à côté de

b37w33n

entre

pl4c3

lieu